2976

TOUT CE QUI N'EST PAS

RÉPUBLICAIN,

(Portraits politiques),

PUBLIÉ

PAR F.-D. DEMAY.

PRIX : 25 CENTIMES.

A Dijon,

AUX SALONS LITTÉRAIRES ET DÉPOT DE PUBLICATIONS,
RUE DES NOVICES, N° 9.

—

1835.

Tout ce qui n'est pas

Républicain,

(PORTRAITS POLITIQUES),

PUBLIÉ

Par F.-O. Demay,

OFFICIER EN DISPONIBILITÉ,

Au service du peuple et non du roi.

AUX SALONS LITTÉRAIRES ET DÉPOT DE PUBLICATIONS,
RUE DES NOVICES, N. 9, PLACE SAINT-JEAN, A DIJON.

I.

LE ROUÉ POLITIQUE.

Conseils d'un père député à son fils éligible.

Devenez riche, et ne soyez pas pendu,
c'est là toute la vie humaine.
(UN PETIT GRAND HOMME.)

Mon fils, je veux que ta vie se passe douce, paresseuse, excellente pour toi, inutile aux autres ; je veux que tu sois député. Tu voudrais, je le sais, être médecin, avocat ou militaire ; mais il faut des études, du travail, de l'application pour exercer un de ces états* ; pour être député, au contraire, que faut-il? le cens ; tu l'as ;

---

* Des études pour être militaire ! autrefois, oui ; aujourd'hui, non. Pour égorger ses concitoyens au milieu des rues, tuer des vieillards et des enfans, éventrer des femmes enceintes, pour mettre une ville à feu et à sang, pour faire de la guerre civile, pour être l'argousin de ses frères, le fléau et l'opprobre de son espèce, il n'est pas besoin d'études. Le premier bandit venu je ne parle pas du sens commun ; il est parfaitement inutile. Je sais que tu as la prétention d'exercer avec honneur la profession que tu embrasseras, et que tu n'as pas la moindre disposition pour celle que je te propose.

Mais je te dirai, moi, qu'il n'est pas besoin de disposition. Et quant à l'honneur, vois-tu, d'abord, comme dit Petit-Jean :

.... L'honneur sans argent est une maladie,

et puis l'honneur est une chose sujette à interprétation, à contestation, il y a toujours moyen d'avoir de l'honneur. Pour cela, il ne faut que de l'adresse. Ecoute-moi bien. J'ai été député durant les quinze ans de la restauration. Les cinq ou six premières années, voyant le peuple fatigué de gloire, ayant besoin de repos, je parlai contre l'ogre de Corse, en faveur du panache de Henri IV et du cilice de Saint Louis. J'allai à la messe, je portai le cierge, je fis des vœux pour le mariage du duc de Berry et ensuite pour la grossesse mâle de sa femme; j'étais un homme d'honneur! et dans les réunions électorales on buvait à ma santé immédiatement après celles de Henri IV et de Louis XVIII; je fus légitimiste, je laissai massacrer les patriotes, sans jamais dire un mot d'ailleurs contre le patriotisme, ne sachant pas ce qui pouvait arriver et voulant me ménager une transition insensible. Car, vois-tu, l'honneur politique est à peu près comme le mérite littéraire, il consiste dans l'art des transitions.

Quand le peuple se fut bien reposé; quand les pères de famille eurent oublié leurs enfans morts sur les champs de bataille et le régime des réquisitions, il s'opéra un changement dans l'esprit public. J'étais à la piste ; je saisis adroitement le premier symptôme ; et alors je parlai des glorieuses victoires de l'empire, j'affichai une grande haine pour l'étranger, je manifestai un grand amour pour le soulagement et la liberté du peuple, une grande aversion pour les jésuites; et, tu l'as vu, après chaque session, les électeurs, le peuple, fêtaient mon retour par des banquets et des sérénades. J'étais un patriote désintéressé. Pourquoi m'étais-je fait cette réputation ? Parce que, à cette époque, pour se faire applaudir, il fallait déclamer contre l'esclavage et la bigoterie. Les électeurs, les marchands, se laissèrent prendre à ce manége. La maladie du peuple, dans ce temps-là, était la vanité, comme d'abord elle avait été la lassitude, comme aujourd'hui c'est la peur. Et quand je dis peuple, il faut l'entendre de cette fraction nationale qui vit à l'aise, non de cette autre qui vit à la gêne, courbée sous le travail, et dont la vie est un martyre sans gloire. Dans les cafés, dans les boutiques, partout on lisait les journaux de l'opposition ; c'était un vertige, une folie. Lorsque je vis cela, je prévis qu'il n'y avait de fortune à faire que

est propre à ce métier. Aujourd'hui et depuis vingt ans, en France, soldat et bourreau, j'entends exécuteur des hautes œuvres bourbonniennes, monarchiques, sont synonimes.

(L'Editeur).

sur les tréteaux du prétendu libéralisme , et j'y montai pour jouer mon rôle.

Vinrent les journées de juillet. Je me cachai, persuadé que l'existence étant la première condition pour être quoi que ce soit, je devais ne point exposer ma vie. Je savais d'ailleurs qu'on mourait pour moi et le double emploi eût été une sottise. Après trois jours de tumulte et de sang, je m'informai de quoi il s'agissait, ayant trois cris au bout de la langue , et un seul sentiment dans le cœur. Ces cris étaient : Vive la république! vive Charles X ! vive le duc d'Orléans. Quant à l'unique sentiment, tu le devines, il n'est exprimé par aucun de ces cris. Je criai *vive le duc*, et l'on me porta en triomphe.

Aujourd'hui , comme je te l'ai dit, le peuple, le peuple électoral s'entend, est sous l'empire de la peur. Quand cette peur cessera , il sera prudent et prévoyant de reparler de la jeunesse studieuse, de l'ouvrier diligent et des baïonnettes intelligentes, de menacer l'étranger; puis, comme il faut tout prévoir , si une de ces inspirations soudaines vient à renverser le gouvernement et à le remplacer par la république, je serai le premier à crier : Les temps sont accomplis; les momens sont venus. La république était impossible , aujourd'hui à cinq heures du matin, elle est indispensable aujourd'hui à cinq heures du soir : Vive la république ! Ne crains pas , du reste , mon fils , que le peuple se souvienne de toutes les dégradations de mon opinion politique. Le peuple n'égorgera personne , j'entends le peuple qui se bat; car ce peuple est bon, généreux, sublime; puis, grâce à Dieu, ce peuple a perdu toute sa lie depuis qu'on s'en est servi pour la police, et aujourd'hui il y a deux bagnes : le bagne cloîtré et le bagne libre ; le bagne frappé et le bagne qui frappe; le bagne opprimé et le bagne qui opprime; le bagne victime et le bagne bourreau. Le peuple est purifié, marche donc sans crainte , ô mon fils , dans cette voie où je te précède. Tu réussiras. Et que ton défaut d'éloquence ne t'inquiète pas. Un député n'est pas l'interprète de son département; il en est le représentant. Il vient à la chambre uniquement pour montrer à Paris comment on s'habille dans son endroit, comment on y accentue la langue française et les divers idiotismes du crû; comment on y marche, on y boit, on y mange. Il y vient de plus pour se lever, s'asseoir, et mettre de temps en temps la main dans la gibecière. Car il y a du profit à ce métier. Il y a des jetons de présence à la chambre comme à l'Académie , avec la différence que ceux-ci sont avoués et les autres secrets , tous deux, du reste, assez mal gagnés. D'ailleurs , qu'as-tu besoin de savoir parler ? Au moyen de quatre ou cinq interjections , tu peux te faire une réputation européenne. Tu peux avoir une action oratoire, à défaut de raison. Guizot, du reste, parlera pour toi, Thiers aussi, Thiers qui parle pour quatre.

De cette façon-là, ô mon fils, et en suivant ma ligne de conduite, tu vivras dans l'abondance sous tous les régimes possibles, et dans l'intimité des grands personnages de ton époque. Tu auras des places, des cordons, des rubans, pourvu que tu sois du parti régnant, on te passera tout. Tu boiras dans la tasse des princesses, tu mangeras dans l'écuelle des princes.

En résumé, mon fils, tu deviendras riche et ne seras pas pendu, c'est là toute la vie humaine. Que si cependant tu craignais une mauvaise fin, je te dirais que le peuple est peu rancunier et trop généreux pour exercer semblable justice, et d'ailleurs il n'y a que les enthousiastes, les expansifs, les spontanés qui puissent être victimes de leur conduite politique. Un ministre, s'il en est un, qui fait l'agiotage à coup sûr; qui ruine et tue les hommes par le désespoir où il les réduit : un ministre, s'il en est un, qui fait dissiper, par le meurtre et le guet-à-pens, des rassemblemens qu'il a faits pour se maintenir au ministère et dans l'estime des cosaques ; un ministre s'il en est un, qui fait tirer à balle sur les contrebandiers et fait la contrebande; un ministre, s'il en est un, qui viole les lois, corrompt les magistrats, et qui obvie, par l'arbitraire, aux inconvéniens du jour; un ministre enfin, s'il en est un, qui vole et tue sans avoir besoin de ses mains pour cela, celui-là n'est pas un enthousiaste, c'est un roué.

Sois roué, ô mon fils, *devenir riche et n'être pas pendu, c'est là toute la vie humaine.*

II.

LE CANDIDAT A LA DÉPUTATION.

(DIALOGUE.)

Vous avez une nombreuse famille? — Oui, Monsieur le ministre. —L'un de vos fils entrerait à l'école de Saint-Cyr si vous n'aviez pas de pension à payer? — Oui, Monsieur le ministre. — Il vous serait agréable de faire élever l'autre gratuitement dans un collége? Oui, Monsieur le ministre.—Vous marieriez votre fille si l'on donnait une place à votre gendre futur? — Oui, Monsieur le ministre. — Vous désirez obtenir la croix de la légion d'honneur ? — Oui, Monsieur le ministre. — Combien avez-vous de parens électeurs dans le collége dont vous faite partie? — J'en ai vingt. — Vous avez des amis dont vous êtes sûr, des fermiers, des hommes, en un mot, qui ont besoin de vous et qui jouissent du droit de voter?—Je puis compter une quinzaine de ces personnes-là. — Eh bien ! vous aurez tout ce que vous desirez. — Que de remercîmens n'ai-je pas à vous faire. —

Ce n'est pas tout, vous serez député. — Mais, Monsieur le ministre cela ne dépend pas de vous. — Soyez tranquille, j'arrangerai tout cela.—S'il en est ainsi, je pourrai faire connaître les plans de réforme que j'ai conçus. — Que parlez-vous de réforme ? Ce n'est pas pour cela que vous serez député. — Cependant il me semblait......... — Il vous semblait mal ; vous serez député et vous approuverez tout ce que je ferai. — Ma conscience s'oppose.....—Votre conscience s'oppose...... Alors votre fils aîné n'entrera pas à Saint-Cyr. — Ah ! Monsieur le ministre.—L'autre ne sera point admis dans un collége — Ah ! Monsieur le ministre. — Vous n'obtiendrez point de place pour votre gendre. — Ah ! Monsieur le ministre.—Vous ne serez pas décoré. — Ah ! Monsieur le ministre. — Et vous ne serez pas député. — Je ferai tout ce que voudra votre excellence. — Voilà qui est parler. — J'ai cependant encore quelques observations à vous faire. — Je vous écoute. — Vous vous montrez plus généreux envers vos amis ordinairement. Les uns sont référendaires à la cour des comptes, les autres conseillers à la cour de cassation ; il en est même qui ont des directions générales. — J'en conviens, mais j'ai traité avec les uns après qu'ils avaient été élus députés, et c'est à moi que vous devrez votre nomination. Quant aux autres, ils parlent lorsqu'il le faut pour soutenir mes projets, tandis que vous n'aurez absolument rien à dire; seulement quand on vous fera signe que la discussion vous ennuie, vous demanderez la clôture. On vous dira aussi sur qui il faut jeter les yeux pour savoir si l'on s'écarte de la question, ou si l'on mérite d'être rappelé à l'ordre. — Je conçois parfaitement mes fonctions, elles n'auront rien de bien pénible , et il ne me faudra pas un grand talent; mais, quand il s'agit de voter, le mérite est égal. — Vous avez raison ; aussi toutes les fois qu'une proposition importante sera mise aux voix, vous aurez des droits auxquels on aura égard. Vous savez ce que c'est qu'un brevet de librairie. — Certainement. — Un bureau de loterie. — Sans doute. Un débit de tabac. — Assurément.— Un dépôt de papier timbré.— Je le sais aussi. — Vous choisirez ce qui vous conviendra de tout cela. — Vous êtes bien bon; mais il est une foule de petites propositions sur lesquelles tout le monde est d'accord. — Pour celles-là c'est différent ; nous n'aurions pas assez de faveurs pour payer de semblables services, qui d'ailleurs nous intéressent peu. Vous dînerez chez moi. — Je suis confus. — Vous dînerez chez mes collègues. — Quel honneur ! — Vous dînerez chez le roi. — Oh ! ciel ! — Vous devez être satisfait de mes propositions. — Enchanté. — Je puis donc compter sur vous. — Entièrement. Ne serait-il pas nécessaire cependant de rédiger un petit traité. — Y pensez-vous ; si quelqu'un le voyait ? — J'ai tort; mais qui vous répondra de moi ? — Votre intérêt. — Et qui me répondra de vous ? — Le mien. — Je serai député, Monsieur le ministre, je serai député.

III.

LE DÉPUTÉ MINISTÉRIEL.

Le député ministériel est un type tout moderne. Les Grecs et les Romains avaient bien des parasites, des baladins et des espions; mais ces peuples de l'antiquité, qui n'étaient point encore parvenus au dernier perfectionnement de la civilisation, ne connaissaient ni le député ministériel, ni le sergent de ville, ni une foule d'autres inventions de la même nature qui font le bonheur de nos contemporains. Le député ministériel a surgi au milieu de nos assemblées délibérantes; il a fait sa première apparition entre le vote par assis et levé et le vote au scrutin secret. Semblable au saint homme de rat de la fable, il est né au sein du budget dont il se nourrit.

Le député ministériel est gros et gras, et il a du ventre. Sa face rubiconde reluit d'une exubérance de vitalité. Il a ordinairement cinq pieds de hauteur sur cinq pieds d'envergure; néanmoins, comme il n'y a point de règles sans exception, on en voit de dimensions fort diverses. Il a nom le père Martineau, ou bien il s'appelle Monsieur Jobard de père en fils : il est connu plus généralement encore sous la dénomination générique de Paturle, et se décline ainsi : le paturle, du paturle, au paturle, etc.

Le député ministériel se tire habituellement de lieux fort éloignés : on l'expédie à Paris, et il prend assez facilement les mœurs de cette capitale du monde civilisé. On l'habille à neuf dès son arrivée. Il ne manque pas de répéter à son tailleur et à son bottier qu'il est maire de son endroit et député de son arrondissement, et il leur demande comment s'habille, comment se chausse, comment se tient un député. Il passe les premières journées à se promener en long et en large sur les places publiques, fort occupé du sort glorieux qui l'attend, et ses regards semblent dire à tous les passans : c'est moi qui suis monsieur un tel, maire de mon endroit, et député de mon arrondissement. Il s'étonne que l'univers ait autre chose à faire que de le contempler. Il ne tarde pas, du reste, à se familiariser avec sa nouvelle dignité, et bientôt il daigne se promener, manger et boire, comme un homme ordinaire.

L'éducation législative du député ministériel est bientôt terminée. On le fait asseoir au beau milieu du centre; il puise dans la conversation de son entourage une heureuse confiance en lui-même, et s'étonne de se trouver tout d'un coup à la hauteur des législateurs du peuple français. On le dresse à applaudir les orateurs ministériels, à interrompre les orateurs de l'opposition, à rire au récit des assassinats de la police, à murmurer dès qu'on parle de liberté ou d'économie; à crier bravo! dès qu'un ministre paraît à la tribune, avant même qu'il ait prononcé une seule parole. En moins de trois jours, il possède à fond sa théorie; il rit, il crie, il murmure comme s'il n'avait jamais fait d'autre métier; du reste, on lui défend de prendre jamais la parole, c'est M. Thiers qui se charge de parler pour lui.

Le député ministériel possède ordinairement une idée qu'on lui donne à ruminer, qui lui tient lieu de réponse à tout, et sur laquelle il vit jusqu'à ce qu'on juge à propos de lui en fournir une autre. M. Casimir Périer lui avait donné le *désarmement universel*. Plus tard, pour changer, M. Guizot inventa, à son usage, le *désordre moral*. Aujourd'hui on lui jette en pâture la *quadruple alliance*. *Désarmement universel*, *désordre moral*, *quadruple alliance*, tel est, depuis quatre ans, le résumé de son vocabulaire politique. On lui a fait apprendre, en outre, quelques phrases toutes faites pour varier un peu la monotonie de sa conversation : c'est ainsi qu'il récite des choses très-sensées sur les *factieux*, et qu'il possède un morceau fort présentable contre *l'anarchie*. Pour lui, tous les patriotes sont des *anarchistes*, et il dit comme M. d'Argout: J'ai vu passer un anarchiste, deux anarchistes, trois anarchistes.

Le député ministériel croit fermement à la *loi agraire*. Il frémit au seul mot de *souveraineté du peuple*, et tombe en syncope quand on lui parle de *suffrage universel*. Il a horreur de la presse, de la *mauvaise* presse, s'entend, de celle qui n'est pas aux gages du gouvernement. Il répète avec ses patrons que la révolution de juillet est un malheur; que les combattans des trois jours auraient mieux fait de rester chez eux, et que Louis-Philippe est arrivé à temps pour empêcher le pillage. Il a son couvert mis chez son président; et il dîne fréquemment aux Tuileries avec plusieurs plats : il figure fort joliment dans les contredanses monarchiques; il a eu l'honneur de faire vis-à-vis à monseigneur le duc d'Aumale, petite altesse de la plus haute espérance, et il dansait comme un perdu le jour où M. Bugeaud tua Dulong.

Sous la restauration, le député ministériel recevait 1000 fr. par mois de Charles X, et il se plaignait amèrement de la lézinerie du descendant de Louis XVI. Il sert aujourd'hui la quasi-légitimité avec le même désintéressement. Solliciteur infatigable, sa demeure habituelle est dans les antichambres. Les ministres ne sauraient se débarrasser de ses précautions, et si on ne le met pas à la porte, c'est parce qu'on sait qu'il rentrerait par la fenêtre. Que voulez-vous? Le pauvre homme n'a que cinquante mille livres de rente, et il a de la *famille jeune*, il faut bien qu'il augmente son *patrimoine*. Il a pour cela devant les yeux d'augustes exemples qu'il imite de son mieux. Aussi il s'est fait donner, par une société d'agriculture, une médaille d'argent pour avoir perfectionné le mûrier; puis il s'est fait donner par une autre société une médaille d'or pour avoir mérité la médaille d'argent; puis il s'est fait donner la croix d'honneur pour avoir mérité la médaille d'or ; puis il a fait élever gratuite-ment sa fille à l'école royale de Saint-Denis, pour avoir mérité la croix d'honneur. Homme prodigieux qui a su faire tant de choses d'une feuille de mûrier !

Le député ministériel possède la capacité de M. Mortier, la mora-lité de M. Rigny, la délicatesse de M. Thiers, l'humanité de M. Guizot, l'élégance de M. Humann, la bonhomie de M. Persil, l'expérience de M. Duchatel et le on ne sait quoi de M. Jacob. Lui aussi il a la prétention modeste d'être *le plus honnête homme du royaume :* lui aussi répète sentimentalement qu'il s'est dévoué pour sauver la France de ses propres fureurs. Après la session close, il retourne triomphalement dans ses foyers pour se reposer de ses fatigues. A son arrivée, il se fait offrir un banquet populaire par le sous-préfet le procureur du roi, l'adjoint et le garde-champêtre, et il débite à ses quatre convives un petit discours, tandis que les jeunes gens de la ville le régalent d'un charivari.

Pour couronner dignement une aussi belle vie, le député minis-tériel se fait inhumer au Luxembourg.

(La suite incessamment.)

Tout ce qui n'est pas
Républicain,

(PORTRAITS POLITIQUES),

PUBLIÉ

Par F.-D. Demay,

OFFICIER EN DISPONIBILITÉ,

Au service du peuple et non du roi.

AUX SALONS LITTÉRAIRES ET DÉPOT DE PUBLICATIONS,
RUE DES NOVICES, N. 9, PLACE SAINT-JEAN, A DIJON.

(SUITE).

IV.

LE PAIR DE FRANCE.

Le pair de France se trouve communément dans les lieux les moins fréquentés. En été, il se retire à la campagne pour s'enfouir dans les murs crevassés, les donjons gothiques et les tourelles des châteaux du moyen-âge. En hiver, il s'achemine vers la ville. Pendant toute la mauvaise saison, il se réfugie dans les serres chaudes du Luxembourg : il perche sur des coussins percés pour ménager la sensibilité de son individu, et achève mollement, pendant la durée du jour, le sommeil de la nuit. Son ramage est extrêmement insipide. Parmi les savans qui en ont fait l'objet particulier de leurs études, les uns l'ont rangé dans le règne minéral, d'autres dans le règne végétal : le plus grand nombre avait cru pouvoir le classer dans la catégorie des fossiles; mais des découvertes récentes, dues à un examen plus approfondi, ont fait connaître, à n'en pouvoir douter, que cette bizarre production de la nature appartient au règne animal.

Le pair de France, ainsi qu'il est facile de le voir à sa démarche, est en tout d'une pesanteur extrême ; et le peuple qui le porte sur ses épaules depuis fort long-temps, a beaucoup de peine à supporter un pareil fardeau. Sa physionomie est très-déplaisante. Il commence par une culotte courte, continue par un habit à la française et se termine en ailes de pigeon. Il s'est fait attacher une épée en travers, horizontalement, la poignée basse et la pointe en l'air : le tout hermétiquement couvert de poudre, de cordons, de crachats et d'une multitude de petits brimborions, si bien qu'on ne sait par quel bout le toucher pour éviter de se salir les mains.

Le pair de France s'apprivoise assez facilement. Il se laisse prendre infailliblement à la glu des pensions dont il est très-friand : aussi les potentats qui tiennent à le voir figurer dans leur ménagerie législative l'ont fait inscrire sur le *livre rouge* pour une pension de vingt mille francs, à l'effet de rehausser l'éclat de son nom ; *item*, pour une seconde pension de vingt mille francs à l'effet de subvenir aux frais de représentation auxquels l'oblige le cadeau de la première ; *item*, pour une troisième pension de quarante mille francs pour le dédommager de la dépense qu'il fait avec les deux autres. Cependant, il ne peut vivre avec une si maigre pitance et il sollicite une quatrième pension pour assouvir son insatiable gloutonnerie.

Par sa vie, ses habitudes et ses mœurs, le pair de France appartient aux époques anti-diluviennes. Toute sa science réside dans quelques parchemins, vieux grimoire que le temps efface, et que nul, excepté lui, ne se donne plus la peine de déchiffrer. C'est là dedans qu'il prétend retrouver l'histoire de ses aïeux : car il a des aïeux et des meilleurs, et il professe un souverain mépris pour les infortunés qui n'en ont pas. Il rappelle avec fierté que l'un de ses aïeux fut le bâtard d'un cardinal : il se vante d'un autre qui fut annobli par son mariage avec la maîtresse d'un mignon du prince : il ne contient plus son juste orgueil et sa joie en citant un troisième qui eut l'honneur d'être décapité au temps des croisades pour avoir détroussé sur les grands chemins les pèlerins qui se rendaient à Jérusalem. Voilà les souvenirs chers à son cœur, les trésors qu'il estime par dessus tout : voilà ses titres à la reconnaissance et à l'admiration de ses contemporains : il y tient d'autant plus qu'il n'a pas autre chose à leur offrir. Otez-lui ses aïeux, il ne lui reste plus rien.

Le pair de France regrette amèrement le bon vieux temps, ce temps où ses devanciers, dans leur haute justice, fesaient rouer sans miséricorde les vassaux ou les vilains qui se rendaient coupables du vol d'un lièvre sur leurs terres ou de celui d'un fagot dans leurs bois de haute futaie : ce temps où florissaient les corvées, les dîmes et les droits du seigneur. Aujourd'hui, que lui reste-t-il de ces glorieux privilèges ? tout s'est écroulé sous les débris d'un autre âge : hauts piliers de justice, dîmes, corvées, droits du seigneur, tout s'est évanoui; naguère encore on l'a frappé d'impuissance en le mutilant à l'endroit de sa progéniture.

Aussi ne peut-il entendre sans frémir prononcer le mot de liberté, sa perruque s'horripile dès qu'il est question d'égalité; il tombe en syncope quand on lui parle de révolution. Parfois il exhale sa douleur en sons inarticulés : l'enceinte qu'il habite retentit de lugubres lamentations : il se lève, il s'indigne, il se sent rajeuni, il retrouve en lui-même toute la virilité des gardiens du sérail, puis il retombe, tout rentre dans le silence, et l'on croit voir une assemblée de muets de l'Asie.

Le pair de France s'emploie de diverses manières : il figure assez volontiers au banquet représentatif, quoiqu'à la rigueur on put très-bien se passer de lui, et qu'on le considère comme un plat de hors d'œuvre, un article de luxe, un objet de curiosité. Il cultive assez agréablement la spécialité du procès : le procès est sa manie, son joujou, sa marotte; il en confectionne de toutes les formes, de toutes les dimensions, de toutes les couleurs; il tient un assortiment complet de procès de presse, de petits procès, de procès monstres. Il a jugé les ennemis de la contre-révolution en 1815, les ennemis de la révolution de 1830, les ennemis de la contre-révolution en 1834. Il juge n'importe qui, pourvu qu'on lui donne à juger. Toujours il condamne, et toujours le pays a cassé ses arrêts.

Quelquefois son sommeil est troublé par de sinistres apparitions : il est un spectre qui le poursuit sans relâche, nuit et jour, comme une ombre auguste et désolée : un nom que redisent les échos du Luxembourg, qui est tracé en caractères de sang sur les murs du palais, qui le frappe d'épouvante et d'horreur : c'est le nom de sa victime, du maréchal Ney, ce nom qui réveille dans sa conscience les remords vengeurs d'un abominable assassinat!

Le pair de France a servi de porte-manteau à la livrée de tous les régimes : il a été courtisan sous Louis XVI; jacobin sous la convention; fournisseur sous le directoire; agent de police, sénateur ou chambellan sous l'empire; jésuite sous la restauration. Aujourd'hui, il pleure l'exil du descendant du roi de ses pères qui ne le paie plus; mais il jure de rester fidèle au gouvernement quasi-légitime qui le paie.

Assoupli par tant de transformations successives, usé par les frottemens politiques de tous les temps, de tous les événemens, de toutes les révolutions, il a conservé peu de chose de son originalité primitive; ce n'est plus qu'une masse informe, malléable, inodore et visqueuse, qui reçoit toutes les empreintes, se prête à tous les moules, se colle à tous les masques.

Le pair de France est morose, asthmatique, podagre et glaireux. Sa triste figure se traîne mélancoliquement à la suite du corbillard de la quasi-légitimité, qu'il accompagne en rechignant jusqu'à sa dernière demeure. Hâtez-vous, si vous voulez voir défiler le cortège; il est en marche, il passe, le voilà qui s'en va pour ne plus revenir.

v.

LE TIERS-PARTI.

Qu'est-ce que le tiers-parti ? Qui a vu le tiers-parti ? D'où vient-il, où est-il ? où va-t-il ? Qui nous donnera de ses nouvelles ?

Le tiers-parti est quelque chose d'indéfinissable; son existence est un des problèmes de l'époque ; rien de plus délié, de plus subtil, de plus imperceptible. C'est un feu follet qui se joue, une ombre qui passe, un son qui s'évanouit. On croit le saisir, et il échappe; on l'apperçoit, et il disparaît; on l'entend, et il n'est déjà plus. Entraînés par le désir de savoir, quelques naturalistes politiques en ont fait l'objet de leurs microscopiques investigations ; ils ont voulu le soumettre à l'analyse, mais, bientôt lassés de leurs vaines tentatives, ils se sont écriés avec humeur : il n'y a point de tiers-parti !

Il existe, cependant, ce phénomène curieux, que la nature ingénieuse et variée jusque dans ses moindres productions, s'est plue à créer tout exprès pour la mystification du bon peuple français. Ses déguisemens adroits, ses variations soudaines, ses transformations successives n'ont pu le dérober aux recherches de la science. Le tiers-parti n'est pas une chimère. On l'a vu naître, grandir, se développer. Jeune, il se nourrissait de la lecture des romans de chevalerie, étudiait la littérature dans les coulisses de l'Opéra-Comique: folâtre et volage, il courait de plaisirs en plaisirs, courtisait la brune et la blonde, aimait, soupirait au hasard. Plus tard, devenu grave, discret et pudibond, il abjura ses anciennes erreurs, renonça aux folies d'un autre âge, et fit son entrée furtive sur la scène parlementaire. De rien, il voulut être quelque chose; d'académicien, il se fit député. C'est sous cette nouvelle forme, dans laquelle il a conservé un reste de sa légèreté juvénile et de sa première inconséquence, qu'il devient intéressant de saisir les traits mobiles de ce caméléon politique.

Le tiers-parti occupe à la chambre l'endroit précis où finit l'opposition et où commencent les phalanges ministérielles. Sa nuance fugitive sert de transition à ces deux couleurs opposées. Il n'est pas avec les uns, il n'est pas avec les autres; ce qui ne l'empêche pas de dîner avec les premiers et de souper avec les seconds. Il a trouvé le moyen de former un juste-milieu, à côté du juste-milieu lui-même. Ce qu'il fait là, on l'ignore; ce qu'il dit, on ne peut le deviner; ce qu'il veut, il ne le sait pas lui-même.

Le tiers-parti a par fois une idée, que dis-je ? une velléité, un semblant d'idée. Il la conçoit un instant; il la tient, il se lève, il va la faire entendre...... Non, elle s'est évanouie, il retombe sur son siége et le siècle attentif est privé de ses élucubrations.

À défaut d'idée, puisqu'il ne peut en avoir, il s'attache à un fait dont il ne démord plus. Pendant long-temps, il a réclamé à corps et à cris l'arrestation de la duchesse de Berry; puis une réminiscence chevaleresque lui a fait demander les clés de la citadelle d'Anvers; enfin un certain fond de rancune contre les doctrinaires lui a donné quelque goût pour l'amnistie. L'arrestation de la duchesse de Berry, les clés d'Anvers, l'amnistie, voilà le cercle dans lequel il roule depuis quatre ans. Il ne sort pas de là ; ce sont là ses plus vastes conceptions politiques ; un essor plus élevé serait au-dessus de son intelligence. Parfois, encore, il s'émancipe jusqu'à désirer de faire l'essai d'un semblant de quasi-opposition. Il voudrait vouloir. Epuisé par un si grand effort, il retombe dans son impuissance.

Sa probité superlative blâme tout doucement les dilapidations ministérielles. Il est parvenu à effectuer des réductions de centimes sur un budget de quinze cents millions. Il a sous-amendé légèrement un amendement relatif au 25e article d'un projet de loi d'intérêt local. Puis il s'est croisé les bras après cette œuvre immense : il s'est reposé tout émerveillé d'avoir tant fait pour le bonheur du pays.

A ses plans d'économie, le tiers-parti joint des sentimens d'humanité bien connus. Il trouve que les assommeurs de la police agissent d'une façon peu délicate. Les assassinats de la rue Transnonain et le bombardement de Lyon lui paraissent des choses désagréables, quoiqu'au fond assez nécessaires. Il est scrupuleux comme cet évêque du moyen-âge qui, pour obéir aux lois de l'église qui lui défendaient de répandre le sang, assommait ses ennemis à coups de massue.

Le tiers-parti est plein de courage...... avant la bataille. Il bouillonne, il écume, il fait rage; puis au moment du combat il crie aux spectateurs : Retenez-moi bien, je sens que je sors de mon caractère, je vais faire un malheur. Si on le provoque, il se tait par prudence et de peur de s'engager. Si on le maltraite, il se hasarde à demander des explications du ton de ce brave qui, après avoir reçu des soufflets, répondait fièrement : A la bonne heure, car je n'aime pas qu'on plaisante.

Le tiers-parti est à cheval sur les formes. Il s'irrite de l'impertinence du duc de Saxe-Meiningen-Hildbourghausen, qui a négligé de faire part au gouvernement français de la naissance heureuse de son quatorzième enfant; il ne peut souffrir les réponses dédaigneuses du prince de Reuss-Lobeinstein-Ebersdorf qui a refusé tout net de donner une de ses filles ou de ses nièces en mariage au prince Rosolin. Un tel oubli des convenances le met hors de lui-même, lui paraît impardonnable, inouï! En revanche, il s'inquiète peu que nos forteresses soient démantelées, nos frontières ouvertes, et que l'étranger dicte des lois à la France.

Le tiers-parti a une envie, c'est de supplanter les doctrinaires et de leur escamoter la manipulation du budget. Aussi leur fait-il en secret, de petites niches qu'il désavoue publiquement. Il vit sur un quiproquo et se délecte dans l'équivoque. Lui seul connaît ses petits secrets, et il se réjouit en petit comité de toutes sortes de petits triomphes qu'il remporte à huis-clos. Mais il gémit tout bas sur l'ingratitude du prince qui méconnaît son dévoûment ; il déplore l'erreur de ce bon roi, le père de ses sujets, et se console en pensant que, tôt ou tard, il sera forcé de recourir à lui pour sauver la monarchie. En attendant, il se dissimule habilement, de peur de se compromettre.

Le tiers-parti est capricieux, tripoteur, fantasque, bizarre, envieux, taquin, boudeur et sournois. Il fréquente la cour citoyenne dont il est le plus bel ornement. Il attend patiemment le prix de sa soumission et de ses services dynastiques. Il compte s'emparer quelque jour du pouvoir et croit fermement que le genre humain ne sera véritablement heureux que lorsqu'il sera devenu tiers-parti.

VI.

LE MODÉRÉ.

Le caractère du modéré est essentiellement irascible : il s'emporte à la plus légère contradiction. Il est maître absolu au logis, crie et tempête du matin au soir : il querelle sa femme, maltraite ses enfans et bat ses domestiques qu'il ne paie pas. Il est en procès avec tous ses voisins qui le détestent cordialement à l'exemple de ses domestiques, de ses enfans et de sa femme.

Le modéré sait à peine lire, écrire et calculer, et il se plaint amèrement de l'ignorance du peuple. Il est abonné au *Journal des Connaissances utiles*, et reçoit gratis le *Journal de Paris*, qui n'a pas d'abonnés. Il puise dans le premier des recettes pour détruire les insectes malfaisans, et dans le second, des argumens pour terrasser les factieux.

Le modéré est toujours frénétique, quelquefois d'enthousiasme, plus souvent de fureur. Il est certains mots qui produisent sur lui un effet magique. Parlez-lui de la charte, de la famille royale, du gouvernement du roi, il est ravi de joie, il pleure d'attendrissement. Parlez-lui au contraire de liberté, de droit du peuple, de suffrage universel, il se gonfle, il écume, il fait rage.

Le modéré est très-friand de fêtes et de lampions monarchiques : c'est lui qui, dans toutes les solennités du gouvernement, se joint aux populations empressées, payées par la police, pour crier *vive le roi!* C'est lui qui illumine le jour de la saint Philippe : c'est lui qui, dans les grandes occasions, fait une immense consommation de pétards, de cervelas et de réjouissances officielles.

Le modéré aime à discourir sur les affaires de l'état. Il possède une tirade de M. Charles Dupin contre les ouvriers, et un lambeau de son journal contre le désordre moral; il a même farci sa mémoire de quelques passages des discours prononcés par sa majesté Louis-Philippe contre le peuple français.

Le modéré adore toutes les puissances; il les porte dans son cœur, et compâtit sincèrement à leurs tribulations. Il approuve la générosité de l'empereur Nicolas qui, dans sa clémence inépuisable, daigne faire enfouir à perpétuité dans les mines de Sibérie les proscrits polonais, condamnés à la peine de mort; il applaudit à la philantropie ingénieuse du tyranneau de Modène qui, dans ses momens de bonne humeur, daigne faire fusiller ses sujets par devant, au lieu de les faire fusiller par derrière; il admire l'humanité de l'Ordre de Chose, qui daigne si souvent faire mitrailler les factieux pour les sauver de leurs propres fureurs. Néanmoins, il ne veut pas que le gouvernement faiblisse par un excès d'indulgence : juré, il demande pour les journaux le *maximum* de l'amende et de la prison; électeur, il vote en faveur du candidat des impitoyables; il a signé, lui troisième, une protestation contre l'amnistie, colportée de porte en porte par le colonel de sa légion.

Le modéré se plaint sans cesse de la trop grande mansuétude de nos lois, il veut des lois terribles, ou plutôt il ne veut point de lois et s'en remettrait volontiers, pour agir avec vigueur, aux intention, bien connues de nos gouvernans. Aussi, est-il un apologiste fervens de la peine de mort, et blâme-t-il la quasi-légitimité de n'avoir past osé relever la guillotine, pour en finir avec les utopistes.

Le modéré a la passion de l'ordre public, il veut l'ordre public à tout prix : à l'ordre public, il sacrifierait sans hésiter père, mère, femme, enfans. Il fulmine contre les éternels fauteurs de troubles et de désordres. Il abomine le peuple, ce ramassis de gens sans aveu et sans domicile, ce tas de fainéans qui ont la prétention exorbitante de vivre en travaillant, et qui ne peuvent se résoudre à mourir de faim paisiblement et à laisser une bonne fois le gouvernement tranquille.

A ces pensées, sa bile s'échauffe : bientôt sa fureur ne connaît plus de bornes. Il endosse son uniforme, il crie et jure dans les corps-de-garde et se promet de ne faire aucun quartier à quiconque lui tombera sous la main. Il a marché un des premiers sur les cadavres de la rue Transnonain et s'est réjoui de cette victoire glorieuse de l'ordre public. Dans la même journée, il a bu copieusement pour exciter son courage, puis il a empoigné un anarchiste qui faisait semblant de se promener sans songer à rien, les mains dans ses poches, le traître! pour mieux renverser le gouvernement; il l'a assommé de coups de crosse et l'a frappé de sa baïonnette en lui criant : « Va te faire acquitter maintenant! » Sa victime a été mise hors de cause après avoir passé neuf mois dans les cachots : le modéré est furieux de cette décision. « C'est bien la peine, dit-il, de se donner tant de mal pour un pareil résultat. » Aussi il s'est bien promis de ne pas manquer son coup à l'avenir; comme l'a dit M. Thiers, il aura soin de se faire justice lui-même.

Le modéré commence à se défier du gouvernement qui périt par un excès de faiblesse : mais il lui reste une consolation. Il se rappelle le temps où les Cosaques et les Russes abondaient dans les rues de Paris, achetaient chez lui et payaient sans marchander. Il ne doute pas que quelque jour M. Wellington ne les renvoie pour mettre l'anarchie à la raison, et il espère le retour de cet heureux temps où florissaient à la fois les alliés, la schlague et le commerce de sa boutique.

Le modéré est opiniâtre, parce qu'il est ignorant; méchant, parce qu'il est poltron; impitoyable, parce qu'il est égoïste ; chez lui, la modération n'est pas une manie, c'est une frénésie, une rage. Au demeurant, le modéré est un excellent homme et d'un commerce fort agréable.

(La suite plus tard.)

DIJON, IMPRIMERIE DE Mme Vve BRUGNOT.

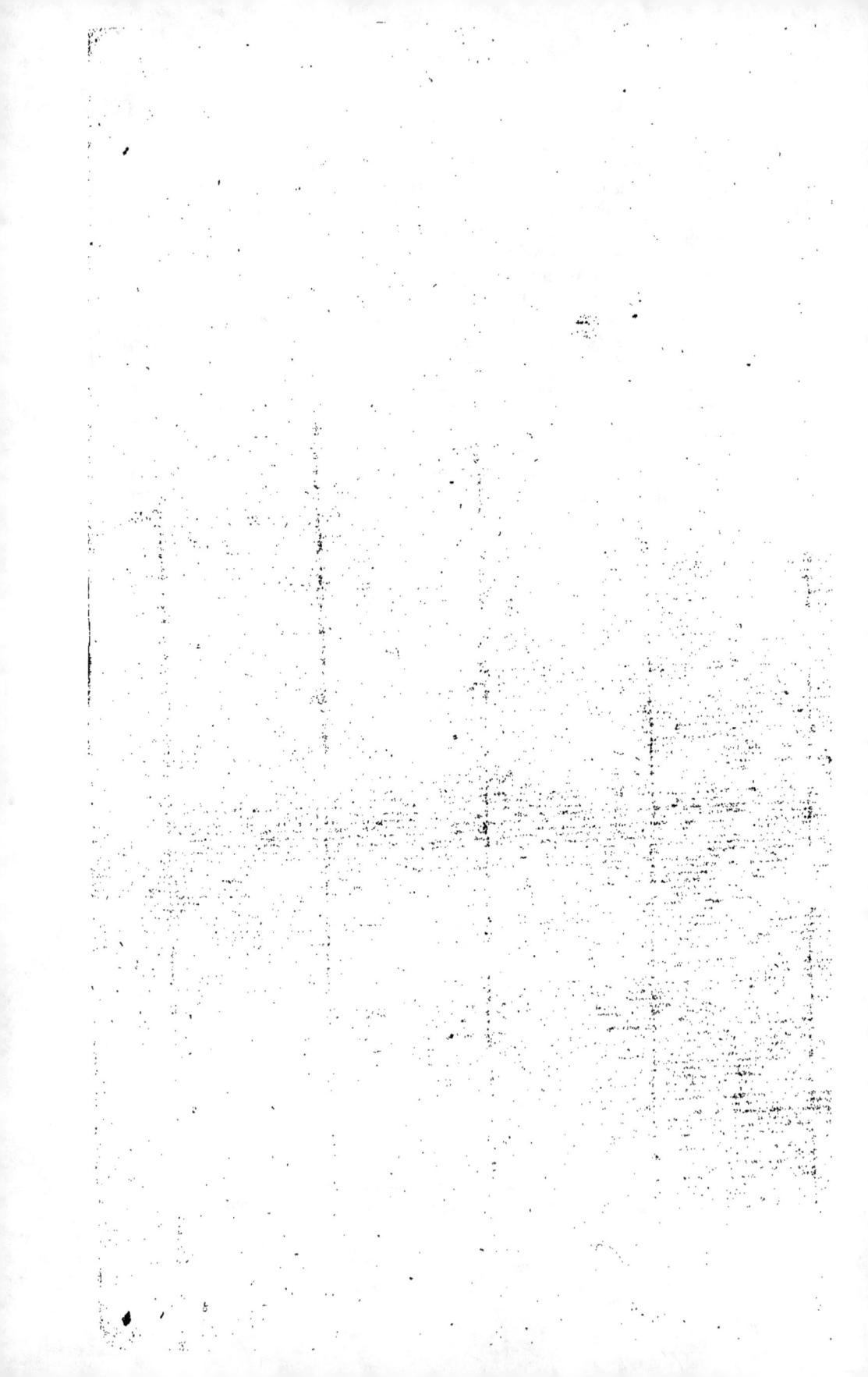

www.ingramcontent.com/pod-product-compliance
Lightning Source LLC
Chambersburg PA
CBHW060720280326
41933CB00013B/2510